AF229010

Conférence Internationale

SUR

LES RÉFORMES PARLEMENTAIRES

PAR

THÉODORE DE KORWIN SZYMANOWSKI

Prix : Cinquante Centimes

PARIS

IMPRIMERIE ADOLPHE REIFF

3, Rue du Four, 3

1890

Conférence Internationale

SUR

LES RÉFORMES PARLEMENTAIRES

PAR

THÉODORE DE KORWIN SZYMANOWSKI

Prix : Cinquante Centimes

PARIS

IMPRIMERIE ADOLPHE REIFF

3, Rue du Four, 3

—

1890

A quoi bon, dira-t-on, tant de peine pour organiser la vie sociale de l'humanité ? — Le monde finira bientôt !

Les sollicitudes individuelles auprès des affaires particulières ne supposent, cependant pas, une fin tellement proche !

Si donc le monde ne disparaît pas encore, les mesures internationales et générales peuvent, seules, assurer une paix stable et le développement de la civilisation ; — car les généralités conviennent aux siècles, les mesures partielles sont d'utilité journalière.

L'humanité avait soif d'hommes d'états qui s'occupassent de questions largement humanitaires, car pour servir son peuple, il faut

prendre en vue les intérêts de toute l'humanité, pour ne pas être broyé par les lois histo-
riques dirigées par la Providence, pour régir
tout le genre humain.

Les questions économiques créèrent la politique séparatiste, et puis les trônes affaiblis
par les idées subversives cherchaient les victoires pour s'affermir et imposaient des traités
de commerce onéreux aux vaincus pour flat-
ter leurs propres sujets.

Les opportunistes, en attendant, faisaient
des affaires pour s'enrichir. Les victoires,
néanmoins, donnent une paix relative ; la
prépondérance de la force est momentanée,
tandis que les congrès internationaux paci-
fient essentiellement l'humanité en massant
les hommes autour d'une même table ; — mais
pour en venir aux mesures internationales,
qui seules peuvent coopérer à la félicité de
l'humanité entière, il faut commencer par
établir un ordre solide à l'intérieur de chaque
pays.

Le pouvoir exécutif et administratif doit être, autant que possible, absolu et centralisé ; le pouvoir organisateur et législatif décentralisé et dans les mains des députés. — Là où on ne doit qu'obéir et travailler, dix hommes font plus qu'un ; Là où on ne doit que réfléchir et commender, un homme fera plus que dix !

C'est une quadrature du cercle, direz-vous ? — Oui, ainsi que la quadrature du cercle existe sans qu'on sache la préciser, ainsi cette organisation, dont nous parlerons, est possible, en éliminant la mauvaise volonté et les intérêts particuliers qui pourraient s'y opposer.

Tâchons donc de concilier les intérêts des représentants du peuple, c'est-à-dire les intérêts du peuple même avec le pouvoir plus ou moins absolu, en établissant des bureaux de Contrôle composées de députés.

DÉCENTRALISATION PARLEMENTAIRE

ARTICLE PREMIER

Le nombre des députés élus par les Arrondissements devra être en considération de leur charge de contrôleurs, de l'administration gouvernementale, aux Arrondissements dans les départements, et à la capitale.

Remarque. — Gouverner n'est pas un plaisir; c'est aussi moins une science que du tact; mais surtout c'est du travail.

Les députés seront forcés de travailler siégeant dans les bureaux de contrôle des arrondisssments, des départements et à la Capitale.

ARTICLE II

Les députés des Arrondissements nomme-
ront des délégués qui entreront avec les délégués des autres arrondissement au bureau départemental de Contrôle.

Remarque. — C'est une illusion de pouvoir gouverner les hommes sans leur porter un intérêt sin-
cère, sans avoir pour eux du dévouement, de l'amour
même, et sans travailler à leur développement mo-
ral.

Des systèmes gouvernementaux savamment cal-
culés n'aboutissent souvent à rien.

Si les députés, possédant la confiance de leurs
électeurs, ne peuvent se sacrifier pour eux, les ai-
der, les éclairer, travailler et souffrir même avec
eux, ce ne seront certainement pas, les employés
mercenaires qui le feront.

ARTICLE III

Le bureau départemental de Contrôle choi-
sira un député pour le bureau principal établi
à la Capitale, et l'arrondissement respectif
nommera, à sa place, un autre député.

Remarque. — Les parlements d'aujourd'hui em-
pêchent de gouverner. -- Il n'est cependant pas impossible de concilier les intérêts des représentants
du peuple avec la manipulation de la machine gouvernementale. — Ce qui est impossible pour les
uns, peut n'être que difficile pour les autres. — Les
députés, possédant la confiance de leurs électeurs,
doivent travailler en suivant de près la marche de
l'administration gouvernementale.

ARTICLE IV

Les bureaux des arrondissements, des départements et le bureau principal établi à la
capitale, constitueront trois instances de bureau de contrôle.

Les bureaux surveilleront le pouvoir administratif, mais pour ne pas entraver l'administration du pays, les bureaux n'adresseront
leurs plaintes, leurs remarques, leurs rapports,
uniquement, qu'aux bureaux de contrôle des
départements, et au bureau principal, établi
à la capitale.

Les bureaux de contrôle fourniront en outre
aux bureaux départementaux et au bureau
principal établi à la capitale, des données sta-

tistiques, des renseignements sur la percep-
tion des impôts, sur l'état de l'enseignement,
de l'agriculture, du commerce, des communi-
cations, etc., etc. !

Remarque. — C'est alors, seulement, que les députés connaîtront les vrais besoins de leur pays,
non d'une façon générale, mais particulièrement
utile pour leurs concitoyens.

Les employés administratifs qui sont souvent la
cause des animadversités des peuples à l'égard de
leurs gouvernements, surveillés de près par les bureaux de contrôle, rempliront leurs devoirs avec
exactitude et honnêteté.

L'arène parlementaire, une fois restreinte, l'exté-
rieur de l'esprit aura moins d'avantages de briller,
et l'idée inutile de marquer dans l'histoire, abandon-
nera les députés ; d'ailleurs ce ne sont pas les hommes qui font l'histoire, c'est l'histoire qui emploie
les hommes dont elle a besoin.

ARTICLE V

Le gouvernemement nommera des sénateurs qui composeront, avec les députés du
bureau principal de contrôle, établi à la capitale, l'assemblée législative.

Le nombre des sénateurs devra être adapté

au système local du gouvernement ; — tel système requière une majorité élective, tel autre une majorité gouvernementale.

Remarque. — Les députés auront à rendre compte à leurs électeurs du profit qu'ils ont fait des pleintes, avis et rapports.

Je ne précise cependant pas leur responsabilité, car je ne jette qu'une idée générale.

ARTICLE VI

En dehors des séances générales, les députés, les sénateurs et les ministres tiendront encore leurs conseils séparemment.

Remarque. — Il importe peu de préciser les détails de cette organisation, je n'établis les articles que pour faciliter le jugement de l'ensemble au lecteur ; — je veux uniquement engager les députés à travailler, en partie, à l'administration du pays, sans siéger à la capitale pour empêcher de gouverner ; si cependant notre civilisation n'est pas de force à dominer nos passions, il faudra un coup d'état pour changer l'état actuel, car le parlementarisme est une passion ;

Pourquoi cependant ne pas éviter cet écueil : « A

« l'ère des discussions succède l'ère des révolutions;
« derrière les sophistes apparaissent les bourreaux».
(Œuvres de Donoso Cortès. Tome troisième, page
7).

Article VII

Les bureaux de contrôle constitueront, en
même temps, trois instances de cour de cassation.

Remarque. — Toute complication est mauvaise,
car la perfection tend à l'unité, voilà pourquoi la
Philosophie n'admet qu'un gouvernement autocrate;
si cependant la pratique introduisit les parlements
pour équilibrer les passions humaines, il serait utile
de faire relever le tribunal de cassation, des députés,
car juger c'est apprendre à être juste.

Article VIII

Le bureau principal de contrôle nommera
des commissaires qui surveilleront l'activité
des bureaux départementaux, et des bureaux
des arrondissements.

Remarque. — Le bureau principal de contrôle
pourrait avoir le droit d'exiger le changement du

ministère pour empêcher la continuité d'actes ministériels, contraires à la volonté du peuple : le peuple, au contraire, devrait éviter la passion de garroter l'homme à la proue, car le naufrage est imminent si le président du ministère n'est un prestidigitateur et ne peut naviguer quand même.

Il n'y aurait donc pas de responsabilité ministérielle. Cette responsabilité est une chicane, et un bâton dans les roues pour les gouvernants, car on ne peut répondre devant toutes les opinions et devant tous les partis. — Avec la responsabilité, l'activité de la machine gouvernementale est relative de l'audace individuelle des ministres, qui finissent cependant toujours par être renversés par le parti opposé à leur politique ; leurs successeurs dégoûtés de la poursuite de différentes opinions, jouent le rôle des manequins dans les mains de tous les partis pour s'en aller un jour tranquillement.

La Russie laisse faire l'occident, le regarde,
et développe son organisation intérieure avec
un génie infini ; le pouvoir est dans les mains
de l'Empereur et les départements sont admi-
nistrés par un Self-government.

La Russie resserra les attributions des
Ziemstwa (le self-government départemental)
juste à temps, leur ayant donné trop de liberté
primitivement, elle les développe de rechef
avec des changements fort utiles pour la pros-
périté de son pays.

Le Philosophe ne sera guère étonné, un
jour, de voir un gouvernement autocrate arriver avant les Républiques à atteindre le mode
le plus propre pour gouverner son peuple à
son plus grand bien, car nous le répétons, là où
il faut commender, un homme fait plus que
dix.

Le système de centralisation pour le pouvoir exécutif et administratif, et de décentralisation pour le pouvoir organisateur, législatif et représentatif, a été, en quelque sorte, atteint par les russes, c'est pourquoi ils sont en voie d'arriver à une admirable organisation sociale, surtout qu'ils prennent enfin le parti de traiter leurs sujets catholiques à l'égal de leurs sujets orthodoxes.

Octobre 1890.